# Schnellsprechsprüche

## spreche ich schwer schnell

Anke Reimann

# Schnellsprechsprüche
## spreche ich schwer schnell

## Die schönsten Zungenbrecher

REGIONALIA
VERLAG

3. Auflage
Anke Reimann
Schnellsprechsprüche spreche ich schwer schnell. Die schönsten Zungenbrecher
Copyright © Regionalia Verlag, GmbH, Rheinbach
Alle Rechte vorbehalten

Alle Illustrationen in diesem Band: Anke Reimann

Einbandgestaltung: Beata Salanowski für agilmedien, Niederkassel
Layout und Satz: Beata Salanowski für agilmedien, Niederkassel

Printed in Poland 2015

ISBN 978-3-95540-101-6

www.regionalia-verlag.de

# Inhalt

# Einleitung

*Fischers Fritz fischt frische Fische. Frische Fische fischt Fischers Fritz.*

Dies war der erste Zungenbrecher, den ich in meiner Kindheit gehört habe, und es war auch derjenige, den ich am häufigsten hörte. Ich würde ihn als Ur-Zungenbrecher bezeichnen. Jedenfalls kommt er mir so vor.

Den Zungenbrecher, der mich als Kind am meisten überraschte, hörte ich zum ersten Mal von meiner Mutter:

*Rotkraut bleibt Rotkraut und Brautkleid bleibt Brautkleid.*

„Sag das dreimal hintereinander", sagte Mama.
„Ist doch ganz einfach!", krähte ich und scheiterte schon in Runde eins.
Ich halte diesen Spruch auch heute noch für einen der verzwicktesten. Manche sagen „Blaukraut" statt „Rotkraut", aber das macht es nur noch schlimmer.

Und hier ist der dritte, der sich nachhaltig in meiner Erinnerung eingegraben hat:

*Der Cottbusser Postkutscher putzt den Cottbusser Postkutschkasten blank.*

So fing der Refrain eines Schlagers an, der in den 70er Jahren im Radio der DDR hoch und runter gedudelt wurde. Gesungen wurde er von Ljubka Dimitrovska. Er war bald ein Ohrwurm. Ich kann mir diesen Spruch ohne die dazu auf ewig eingespeicherte Melodie gar nicht vorstellen.

„Der Cottbusser Postkutscher putzte den Cottbusser Postkutschkasten blank, mit fröhlichem Gesang …" – mehr aber blieb mir vom Text nicht im Gedächtnis. Im Lauf der Zeit wurde in meinen ab und zu geträllerten Eigeninterpretationen aus dem „Gesang" ein „Gestank", weil sich das besser auf „blank" reimt.

Der Potsdamer Postkutscher putzt ebenso fleißig.
Zungenbrecher werden gerne gebraucht und beliebig verändert oder verlängert.

Wenn Sie beide Varianten mischen, wird der Schwierigkeitsgrad erhöht:

*Der Cottbusser Postkutscher putzte den Potsdamer Postkutschkasten blank.*

Beim Lesen ist das noch einfach. Aber sprechen Sie das mal, ohne die Buchstaben vor sich zu sehen. Das ist dann gar nicht mehr so einfach.

Und dann das:

*Im Potsdamer Boxklub boxt der Potsdamer Postbusboss*
*(... gegen den Cottbusser Postkutschkastenputzer)*

Ein weiterer Zungenbrecher machte ebenfalls Schlagerkarriere:

*Wenn du denkst, du denkst, dann denkst du nur du denkst, aber denken tust du nicht.*

Etwas abgewandelt sang Juliane Werding: „Wenn du denkst, du denkst, dann denkst du nur du denkst, ein Mädchen kann das nicht ..." Das war 1975 bei Dieter Thomas Heck in der ZDF Hitparade.

Manche Zungenbrecher werden Radiostars, andere entstehen im Alltag so ganz nebenbei:

*Was wär, wenn`s world wide web weg wär.*

… sagte mein zwölfjähriger Sohn. Doch es klang am Ende eher wie „webbebbel-
wär". Dreimal zügig hintereinander gesprochen – da kommt die Zunge ins Stolpern.

Zungenbrecher dienen nicht nur dem Spaß, sondern werden auch bei Therapie
und Sprachtraining eingesetzt. Schauspieler, Redner, Fernsehsprecher, Geschäfts-
leute trainieren ihre Zungenfertigkeit. Logopäden bringen Kindern mit Spiel und
Spaß das Aussprechen bestimmter Laute bei. Da dieses Buch jedoch hauptsächlich
der Unterhaltung dient, sind die Zungenbrecher nicht wie die Übungen von The-
rapeuten nach Anlauten sortiert, sondern nach Themengruppen.

Es gibt auf den folgenden Seiten auch einige bisher noch nirgends veröffentlichte
Zungenbrecher. Diese eigens für dieses Buch erdachten Sprüche sowie auch die
kurzen Kommentare und Übersetzungen sind im Folgenden in kursiver Schrift
abgebildet.

# Kapitel 1

## Zungenbrecher zum Aufwärmen

*Die Schwierigkeiten entstehen nicht beim Lesen, sondern beim Auswendig-Aufsagen.*

Schnellsprechsprüche spreche ich schwer schnell.

Der Mondschein schien schon schön, schön schien schon der Mondschein.

Kannst du den kleinen konstantinopolitanischen Dudelsackpfeifer pfeifen?

Welch schlecht berechtigtes Vermächtnis entwächst dem schwächlichen Gedächtnis?

Im dichten Fichtendickicht nicken dicke Fichten tüchtig
Dicke Fichten nicken tüchtig im dicken Fichtendickicht.

Dicke Nichten dichten im dicken Fichtendickicht.

Dicke Nichten dichten tüchtig im dichten Dicke-Fichten-Dickicht.

Im dichten Fichtendickicht picken flinke Finken tüchtig.

Kleine Kinder können keine kleinen Kirschkerne knacken.

Hitze hat sie, sagt sie, hätt sie.

Bürsten mit weißen Borsten bürsten besser als Bürsten mit schwarzen Borsten bürsten.

Die borkige Rinde der breitblättrigen Linde bröckelt leicht ab. Leicht bröckelt die borkige Rinde der breitblättrigen Linde ab.

In Ulm und um Ulm und um Ulm herum.

Ein sehr schwer, sehr schnell zu sprechender Spruch ist ein Schnellsprechspruch. Auch ein nur schwer schnell zu sprechender Spruch heißt Schnellsprechspruch.

Er sang leider lauter laute Lieder zur Laute.

Hinterm hohen Haus hackt Hans hartes Holz. Hartes Holz hackt Hans hinterm hohen Haus.

Hätte Hänschen Hans Holz hacken hören, hätte Hänschen Hans Holz hacken helfen.

Hinter Hansens Hirtenhäuschen hackte Hans Holz. Hätte Hansens hübsches Hannchen Hans Holz hacken hören, hätte Hansens hübsches Hannchen Hans Holz hacken helfen.

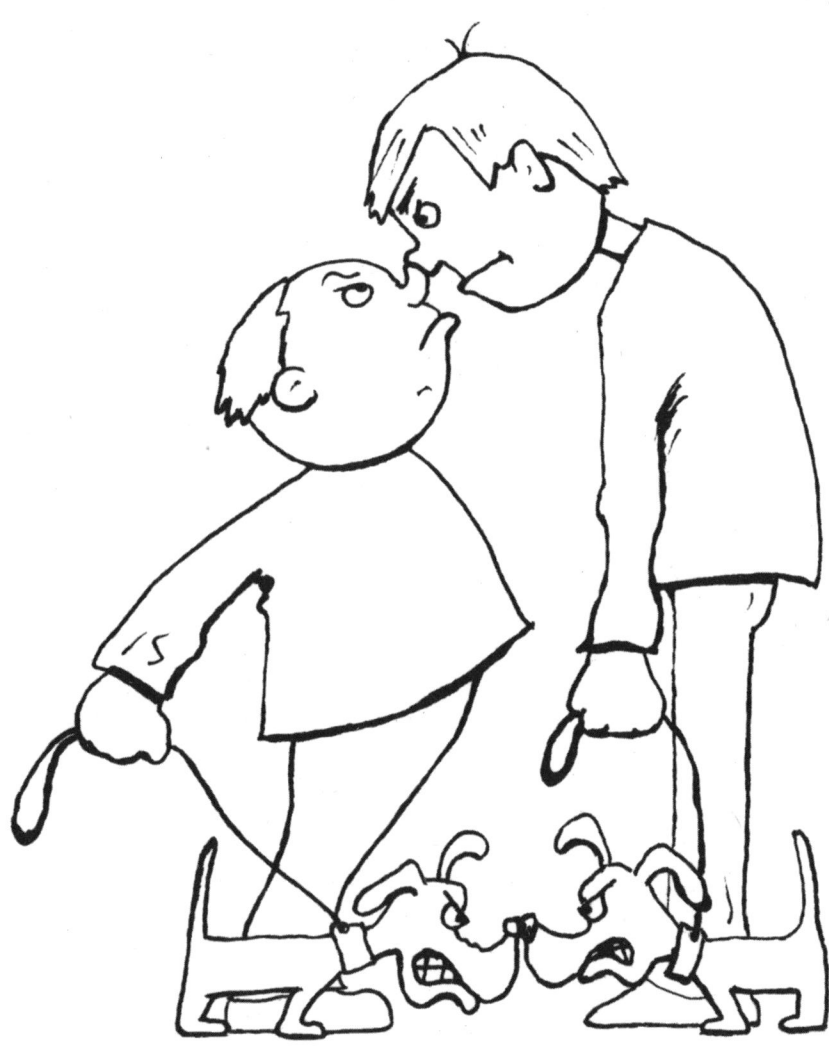

Wenn dein Dackel zu meinem Dackel nochmal Dackel sagt, kriegt dein Dackel von meinem Dackel so eine gedackelt, dass dein Dackel zu meinem Dackel nie mehr Dackel sagt.

Wenn du Trottl zu mir Trottl Trottl sagst, sag ich Trottl zu dir Trottl so lange Trottl, bis du Trottl zu mir Trottl nie mehr Trottl sagst, du Trottl.

Hör du Bub, sag deinem Buben, dass dein Bub meinen Buben keinen Buben mehr heißt, denn mein Bub leidt's nicht von deinem Buben, dass dein Bub meinen Buben einen Buben heißt.

Ein Dutzend nuschelnde Duzer duzen nuschelnd dutzende duzender Nuschler.

Gips gibt's im Gipsladen.

Gips gibt's in der Gipsfabrik, und wenn's in der Gipsfabrik keinen Gips gibt, dann gibt's keinen Gips.

Gips gibt's in der Gipsstraße, wenn's dort kein Gips gibt, gibt's in der Gipsstraße kein Gips.

Morgen!-
Morgen!
Gibt's Gips?
- Gips? Gips gibt's morgen.
Morgen?
- Morgen.
Morgen!
- Morgen!

Welches schlecht berechtigte Vermächtnis entwächst dem schwächlichen Gedächtnis? Willst du brauchen ohne zu gebrauchen, brauchst du brauchen gar nicht zu gebrauchen.

Drei Teertonnen, drei Trantonnen

Ich habe mein Lebtag schon viele Lebtage erlebt, aber so einen Lebtag wie diesen Lebtag habe ich meinen Lebtag noch keinen Lebtag erlebt.

Für einen sächsischen Sechser sechsundsechzig Schock sächsische Schuhzwecken.

Fünfzig flinke Füße flitzen. Flitzen fünfzig Füße flink?

Es liegt ein Klötzchen Blei gleich bei Blaubeuren, gleich bei Blaubeuren liegt ein Klötzchen Blei.

Mit keiner Kleie und keinem Keim kann kein kleines Korn keimen.

Weil lustige Leute laufend lachen, lachen lustige Leute auch beim Laufen.

Wer karrt den klappernden Ratterkarren durch das knarrende Karrengatter?

Lang schwang der Klang am Hang entlang.

Kluge kleine Kinder kaufen keine kleinen Kleiderknöpfe.

*Doppeldicker Dosendeckel, dosendickes Deckeldoppel, dicke Deckeldoppeldose, deckeldosendoppeldick*

Violett steht ihr recht nett. Recht nett steht ihr violett.

Der Sumpfschlumpf schlumpft sich durch den Schlumpfsumpf.

Derartige Dinge deprimieren dich denn doch.

Blase, blubbernd in Seifenbrühe, bilde bunte Seifenblasen!

Nie im Leben nadeln Tannen nur im Nebel.

Die erquickende Quelle quillt quirlend empor, empor quillt quirlend die erquickende Quelle

Quasseln Quirle?
Quietschen Quellen?
Quakt ein Quartett?

Ein Quartett quakender Quadratquasselquallen und quicklebendig-quietschend quintentrillernde Quirle durchqueren Quellen und Quadranten.

Tausend Tropfen tröpfeln traurig, traurig tröpfeln tausend Tropfen. Tip, tip, tup!

Tante Trude tanzt mit Theo Tango, Twist und Tarantella.

Ruderboot, Butterbrot, Ruderboot, Butterbrot, Ruderboot, Butterbrot ...

Dreißig Greise treten drei Treppen krumm, drei Treppen krumm treten dreißig Greise.

Neulich heulten neun treue Freunde, neun treue Freunde heulten neulich.

Neunzehn heulende Teufel scheuchen neunzehn neugierige Leute um ein teuflisches Feuer.

Otto soll Oma rote Rosen ohne Dornen holen. Von wo soll Otto Oma Rosen ohne Dornen holen? Soll Oma doch rote Rosen ohne Dornen ohne Otto holen!

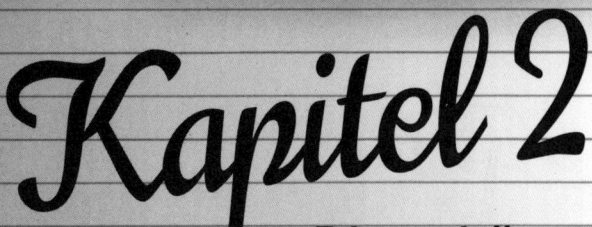

# Kapitel 2

## Die schönsten tierischen Zungenbrecher

*Wenn Tiere mal nicht nur zwischen zwei Steinen sitzen oder in Fischers Netzen gefangen werden, sondern selbst zu Akteuren werden, entstehen nicht nur schöne Zungenbrecher sondern auch lustige Bilder im Kopf.*

Der Gockel glotzt die Glucke an. Die Glucke glotzt den Gockel an.

Schnecken erschrecken, wenn sie an Schnecken schlecken, denn zum Schrecken vieler Schnecken merken Schnecken, dass manche Schnecken nicht schmecken.

Acht alte Ameisen aßen am Abend Ananas.

Hundert hurtige Hunde hetzen hinter hundert hurtigen Hasen her.

Esel essen Nesseln gern, Nesseln essen Esel gern.

Einsame Esel essen nasse Nesseln gern, nasse Nesseln essen einsame Esel gern.

Gudrun, das Truthuhn tut gut ruh'n. Gut ruh'n tut Gudrun das Truthuhn.

Zehn zahme Ziegen zogen zehn Zentner Zucker zum Zoo.

Am zehnten, zehnten, zehn Uhr zehn zogen zehn zahme Zwergziegen zehnmalzehn Zentner Zucker zum Züricher Zwergziegenzoo.

Zehn Ziegen ziehen zehn Zentner Zement zum Zahnarzt, zum Zementieren zerbrochener Zähne.

Die Katze tritt die Treppe krumm.

Specht, Spatz, Storch und Sperber sprangen spornstreichs schrillen Schreis den steilen Steg hinunter.

Kresse schmeckt den Schnecken nicht, drum essen Schnecken Kresse nicht.

Kluge kleine Katzen kratzen keine Krokodile.

Die Katzen kratzen im Katzenkasten, im Katzenkasten kratzen Katzen.

Fritzchens Katze Tatze kratzt Schlitze in Matratzen.

Das Schleimschwein schleimt schweinisch im Schleim. Im Schleim schleimt schweinisch das Schleimschwein.

Sie war die teichigste Teichmuschel unter allen teichigen Teichmuscheln im Teichmuschelteich. Unter allen teichigen Teichmuscheln im Teichmuschelteich war sie die teichigste Teichmuschel.

Kritische Kröten kauen keine konkreten Kroketten.

Zwischen zwei spitzen Steinen saßen zwei zischende Schlangen.

Zwischen zwei Zwetschgenzweigen saßen zwei zwitschernde Schwalben.

Zwanzig spitze Spatzenschnäbel zwitschern zwischen zwei schwatzenden Zwetschgensammlern. Zwischen zwei schwatzenden Zwetschgensammlern zwitschern zwanzig spitze Spatzenschnäbel.

Zwischen zweiundzwanzig schwankenden Zwetschgenzweigen schweben zweiundzwanzig zwitschernde Schwalben.

Zwischen zwei Zwetschgenbaumzweigen saßen zwei zischelnde Zischelschlangen und zischten.

Jäh aus Schlingen und Schleifen schlüpfen geschmeidig, schnell verschwindend, schreckende Schlangen.

Schwarze Schmeißfliege frisst frisches Fischfleisch, frisches Fischfleisch frisst schwarze Schmeißfliege.

Früh fressen freche Frösche frische Früchte. Frische Früchte fressen freche Frösche früh.

Hinter Herbert Hausmanns Hecke hocken heute hundert Hasen.

Es sprang ein Hirsch über den Bach und brach ein breites Bachpappelblatt ab.

Fünf Ferkel fressen frisches Futter.

Können kugelköpfige Kriechkraken körpergroße Kratzkakteen kauen? Keineswegs.

Fromme Frösche fressen frische Frühlingszwiebeln, aber freche Frösche fressen frische Früchte.

Der Spatz spaziert früh und spät im Spinat.

Auf dem Rasen rasen Hasen, atmen rasselnd durch die Nasen.

*Schwarzstorch schnappt sich Frosch*
*Frosch zappelt, schleimt, furzt, schwitzt*
*Schwarzstorch schnappt nach Luft – Frosch entwischt.*

Wenn kalter Regen niederfließt, die Nachtigall im Flieder niest.

Häschen Hoppel hoppelt hinterm Hühnchen her. Hinterm Hühnchen hoppelt Häschen Hoppel her.

Ein krummer Krebs kroch über eine krumme Schraube, über eine krumme Schraube kroch ein krummer Krebs.

Ein schwarzes Schwein hat einen schwarzen Schwanz.
Der dünne Dackel düst daher, doch dummerweise ist da Teer.

Zweiundzwanzig zahme Zwergziegen zwängten sich durch die Zwergziegenumzäunung. Der Zwergziegenzüchter war verzweifelt.

Luchst der Luchs aus dem Fuchsloch und der Fuchs aus dem Luchsloch, hat sich der Luchs ins Fuchsloch und der Fuchs ins Luchsloch verirrt.

Mit kurzen Stecken Schnecken schrecken, mit langen Stangen Schlangen fangen.

Mopsgedackelter Windhundspudel

Neue Teichfische für den heimischen Fischteich

Der Spitz und der Pudel tranken einen spritzigen Sprudel. Spritzigen Sprudel tranken der Spitz und der Pudel.

Pferde mampfen dampfende Äpfel. Dampfende Pferdeäpfel mampft niemand.

Plötzlich plappert Papas Papagei putzige Sätze. Putzige Sätze plappert Papas Papagei plötzlich.

Machen Drachen manchmal nachts echt freche Sachen, oder lachen Drachen manchmal acht freche Lacher?

Auf dem Rasen rasen rasche Ratten, rasche Ratten rasen auf dem Rasen.

Kleine Klagenfurter Klapperstörche klappern: klipp, klapp, klipper! Klipp, klapp, klipper klappern kleine Klagenfurter Klapperstörche!

## Wenn der Hund mit der Wurst ...

Wenn der Hund mit der Wurst übern Spucknapf springt
und der Storch in der Luft den Frosch verschlingt

Wenn der Storch mit der Luft übern Spucknapf springt
und der Hund mit der Wurst den Frosch verschlingt

Wenn der Frosch mit dem Storch übern Spucknapf springt
und der Hund in der Luft die Wurst verschlingt

Wenn die Wurst mit dem Hund übern Spucknapf springt
und der Frosch in der Luft den Storch verschlingt

Wenn der Spucknapf mit der Wurst übern Frosch wegspringt
und die Luft mit dem Hund den Storch verschlingt

Wenn die Luft mit dem Storch über die Wurst wegspringt
und der Frosch mit dem Hund den Spucknapf verschlingt

Wenn die Wurst mit dem Spucknapf übern Storch wegspringt
und der Frosch mit dem Hund die Luft verschlingt

Wenn der Storch mit dem Spucknapf über die Luft wegspringt
und die Wurst mit dem Frosch den Hund verschlingt

.... *immer ist es so, dass zwei über einen hopsen, zwei sich verbrüdern und einer verschlungen wird. Der Text ist über hundert Jahre alt und kann in 720 Umstellungen gesprochen oder gesungen werden. Viele mögen den Spruch lieber mit „Mops" statt „Hund" zitieren. Und gerne werden diese Verse zur Melodie des Radetzky-Marsches (Komponist: Johann Strauss sen.) geschmettert.*

# Kapitel 3

## Zungenbrecherische Berufe

*Wenn flotte Fellflicker flink die Felle flicken und der Überbringer dieser Botschaft seine Zunge nicht in der Gewalt hat, dann bekommt der Spruch urplötzlich einen ganz anderen Sinn, und Eltern müssen ihren Kindern schnell die Ohren zuhalten.*

Flößers Vroni flog frohlockend vom frostigen Floß.
Vom frostigen Floß flog frohlockend Flößers Vroni.

Tuten tut der Nachtwächter. Und wenn er genug getutet hat, tut er seine Tute wieder in den Tutkasten rein.

Fischers Fritze fischte frische Fische, frische Fische fischte Fischers Fritze. Fischers frisch frisierter Fritze frisst frisch frittierte Frischfischfrikadellen.

Ich fische frische Fische frischer als Fischers Fritze fischt.

Wir Wiener Waschweiber wollten weiße weiche Wäsche waschen, wenn wir wüssten, wo weiches weißes Waschpulver wär.

Flotte flinke Fellflicker flicken flink feine Felle.

Der fiese friesische Fliesenleger fliest mit fiesem, friesischem Fliesenkleber.

Der Metzger wetzt das Metzgermesser mit dem Metzgermesserwetzstein.

Metzgers Metzgermesserwetzer wetzt Metzgers Metzgermesser. Metzgers Metzgermesser wetzt Metzgers Metzgermesserwetzer.

Der dicke Dachdecker deckt dir dein Dach, drum danke dem dicken Dachdecker, der dir dein Dach deckt.

Der dicke Diener trug die dünne Dame durch den dicken Dreck. Da dankte die dünne Dame dem dicken Diener, dass der dicke Diener die dünne Dame durch den dicken Dreck trug.

Der dicke dumme Doffel trug den dünnen dummen Doffel durch den tiefen dicken Dorfdreck. Da dankte der dünne dumme Doffel dem dicken dummen Doffel, dass der dicke dumme Doffel den dünnen dummen Doffel durch den tiefen dicken Dorfdreck trug.

Im Potsdamer Boxklub boxt der Potsdamer Postbusboss.

Der Cottbuser Postkutscher putzte den Cottbuser Postkutschkasten blank.

Der Potsdamer Postkutscher putzte den Potsdamer Postkutschkasten blank.

Der konstantinopolitanische Dudelsackpfeifer

Bierbrauer Bauer braut braunes Bier. Braunes Bier braut Bierbrauer Bauer.

Bäcker Braun bäckt braune Brezeln. Braune Brezeln bäckt Bäcker Braun.

Schneiders Schere schneidet scharf. Scharf schneidet Schneiders Schere.

In einem Marmeladenladen laden Ladenmädchen Marmelade aus. Marmelade laden Ladenmädchen im Marmeladenladen aus.

In einem Schokoladenladen laden Ladenmädchen Schokolade aus. Ladenmädchen laden in einem Schokoladenladen Schokolade aus.

Mischwasserfischer heißen Mischwasserfischer, weil Mischwasserfischer im Mischwasser Mischwasserfische fischen.

Sieben Schneeschaufler schaufeln sieben Schaufeln Schnee.

Pflückfrische Früchte pflückt frisch der Früchtepflücker.Der Früchtepflücker pflückt pflückfrische Früchte.

Dreihundertdreiunddreißig Reiter ritten dreihundertdreiunddreißigmal um das große runde Rastenburger Rathaus.

Ein Hahn, zwei Hühner, drei Enten, vier Gänse, fünf Schweine, sechs Kühe, sieben Ochsen, acht Nonnen, neun huckelige, buckelige Bettelmannsweiber übernachten bei zehn konstantinopolitanischen Dudelsackpfeifenmachergesellen.

Der Pfostenputzer putzt den Pfosten. Den Pfosten putzt der Pfostenputzer.

*Der Klavierputzer putzt die Klaviertasten mit Klavierputztastenpaste.*

Der mürrische, murrende, knurrende, klapperdürre Ratterkarrenkarrer

Drei tropfnasse traurige Trogträger trugen triefende Tröge treppauf und treppab.

Jäger Jakob jagt in Japan einen Jaguar. Einen Jaguar jagt Jäger Jakob in Japan.

So wie Kölner Kellner Kölsch kellnern können, können nur Kölner Kellner Kölsch kellnern.

Wie viel Holz hackt Holzhacker Hack, wenn Holzhacker Hack Holz hackt? Holzhacker Hack hackt hundert Hektar Holz, wenn Holzhacker Hick Holzhacker Hack beim Holzhacken hilft.

Zwei Astronauten kauten und kauten, während sie blaugrüne Mondsteine klaubten.

Der Krabbenfischer knabbert Knabberkrabben. Knabberkrabben knabbert der Krabbenfischer.

Der Packer packt Papppakete.

Zwei wickelige, wackelige Paukenschläger schlagen zwei rumpelige, pumpelige Pauken.

Was Esel gern auf Wege legen, fegen Kehrer weg mit Besen. Feger kehren weg mit Besen, was Esel gern auf Wege legen.

Hornhauthobler Hirnlitscher hobelt Hornhaut mit dem Hornhauthobel. Mit dem Hornhauthobel hobelt Hornhauthobler Hirnlitscher Hornhaut.

*Der Bremsprobeberechtigtenprüfer ließ den Bremsprobeberechtigtenprüfling den Zug in Bremen bremsen.*

*Briefträger bringen breite, blaue, blanke, blasse, bange, bunte, billige, bissige, bleierne, bullige, brummige, blumige Briefe.*

Der Zahnarzt zieht die Zähne mit der Zahnarztzange im Zahnarztzimmer.

Strickerinnen stricken Socken und Strickstrümpfe aus Socken- und Strumpfstrickwolle.

*Die Farmersfrau pflügt mit dem Pferd das Feld am fahlen Pfuhl. Fröhlich pflanzt sie Pfirsichfrucht und Pflaumen beim Feld am fahlen Pfuhl.*

Beim Friseur:
„Tag, Karl."
„Wie geht's, Karl?"
„Gut, Karl."
„Kahl, Karl?"
„Ja, Karl, ganz kahl."

Wenn Baden-Badens Bademeister baden, baden Baden-Badener Bader auch.

Vier Vampire trafen sich bei Vollmond vor einem Vulkan.

Die Post ist mit Paketen bepackt.

Jedes Jahr jammert Jäger Julius bei der Jagd, weil ihn seine Jägerhose juckt.

Vier Kleeblattsammler klebten vier vierblättrige Kleeblätter auf klebrige Blätter.

# Kapitel 4

## Kulinarischer Zungensport

*Warum konnte denn nun Kaiser Karl keine Kümmelkerne kauen? Wahrscheinlich konnte er es einfach deshalb nicht, weil sonst ein Wort mit „k" fehlen würde! Bei Zungenbrechern sind Alliterationen sehr beliebt: Worte, die mit dem gleichen Anfangslaut beginnen. In den meisten Kapiteln dieses Buches werden Sie viele Beispiele dafür finden, so auch in folgendem.*

Als Anna abends aß, aß Anna abends Ananas.

Dem naschenden Schleckbübchen schmecken krustige Steckrübchen mit knusprigen Speckstückchen. Mit knusprigen Speckstückchen schmecken krustige Steckrübchen dem naschenden Schleckbübchen.

Kaiser Karl konnte keine Kümmelkerne kauen. Warum konnte Kaiser Karl keine Kümmelkerne kauen? Weil Kaiser Karl keine Kümmelkerne kauen konnte.

Ein Speckbröckel und zwei Speckbröckel sind drei Speckbröckel.

Eine gute gebratene Gans mit einer goldenen Gabel gegessen ist eine gute Gabe Gottes.

Wer anderen eine Bratwurst brät, hat meist ein Bratwurstbratgerät.

Ludwig Leckermann aus Neck am Leck leckt leckere Lollies. Leckere Lollies leckt Ludwig Leckermann aus Neck am Leck.

Im Keller kühlt Konrad Kohlköpfe aus Kassel. Kohlköpfe aus Kassel kühlt Konrad im Keller.

Kein klein' Kind kann keinem König, keinem Kaiser keinen Kalbstopf kochen.

Willi Willinger aus Willingen will Wiener Würstchen, Wiener Würstchen will Willi Willinger aus Willingen.

Klaus Knopf liebt Knödel, Klöße, Klöpse. Knödel, Klöße, Klöpse liebt Klaus Knopf.

Meister Müller mahl' mir meine Metze Mehl. Morgen muss mir meine Mutter Mehlmus machen.
(*„Metze" ist ein altes Küchenmaß. Eine Metze sind dreieindrittel Liter*)

Em Hefele em Eckele do leit a gloines Breckele vom Fritzele seim Weckele em Hefele em Eckele. Do kommt a gloines Geckele ond frisst des gloine Breckele vom Fritzele seim Weckele em Hefele em Eckele.
(*Schwäbisch. Im Hof an der Ecke liegt ein kleines Bröckchen von Fritzens Brötchen. Da kommt ein kleiner Gockel und frisst das kleine Bröckchen von Fritzens Brötchen im Hof an der Ecke.*)

Er isst Apfel sie 'ne Apfelsine.

Frische Kirschen knirschen nicht.

Rauchlachs mit Lauchreis

Müller Lümmer frühstückt schüsselweise grünes Gemüse.
Müller Rümmel schlürft eine Schüssel trübe Brühe.

Die Wurscht im Borschtsch stört Stanislaus. Der Stör im Borschtsch ist Stanislaus
wurscht.
*(Borschtsch ist eine Suppe, die vor allem als russisches Gericht bekannt wurde. Sie wird
mit Roter Bete zubereitet.)*

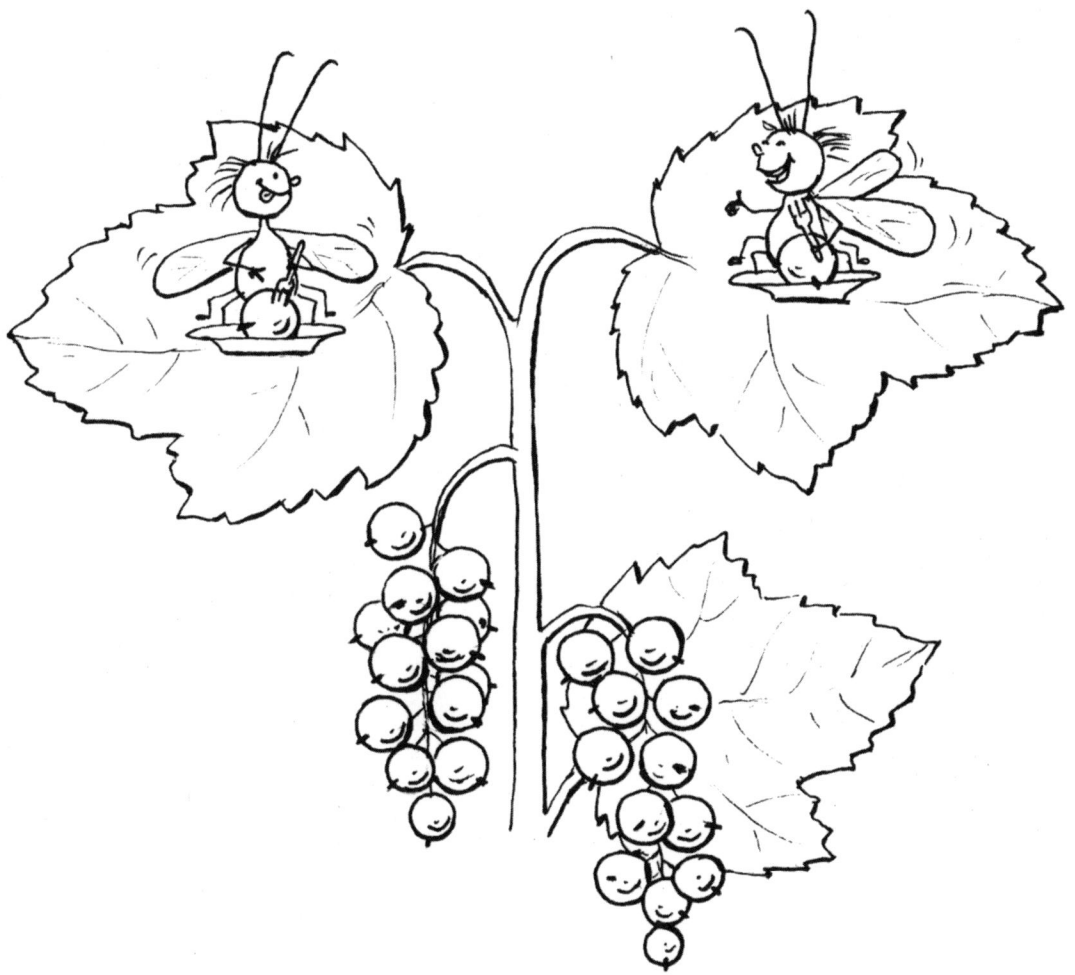

Jedes Jahr im Juli essen Jana und Julia Johannisbeeren.

Die vier tonnenschweren Teetanten Trude, Traudl, Theophila und Theodora tranken täglich teuren tasmanischen Tee von kleinen runden Tee-Tischlein in der Teestube.

Die Köchin mit dem Tupfenkopftuch kocht Karpfen in dem Kupferkochtopf!

Manches müde Murmeltier mag Magermilch mit Mandarinen. Magermilch mit Mandarinen mag manches müde Murmeltier.

Oma kocht Opa Kohl. Opa kocht Oma Kohl. Doch Opa kocht Oma Rosenkohl. Oma dagegen kocht Opa Rotkohl.

Peter packt pausenlos prima Picknickpakete. Prima Picknickpakete packt Peter pausenlos.

# Kapitel 5

## Ganze zungenbrecherische Geschichten

*Die Lust an der Sprache kennt keine Grenzen. So ufert auch mal ein Zungenbrecher zu einer ganzen Erzählung aus. Namen werden lang und länger. Oder ein Spruch taucht in vielen neuen Versionen auf, wie zum Beispiel der Schleißenscheit, der schon am urgroßmütterlichen Küchentisch für manches Gelächter gesorgt haben dürfte. Finden Sie heraus, warum!*

## Heitere Herren

Heitere Herren mit Hähnen in den Händen hockten bei hoppelnden Hasen in himbeerfarbenen Hosen hinter haushohen Hecken heimlich im Hafer. Ich wollte horchen, da musste ich husten, und Herren und Hasen waren weg.

## Zipfelmützenzwerge

Zwölf zünftige Zipfelmützenzwerge, die auf zwölf Tannenzapfen saßen, aßen zweihundertzweiundzwanzig blaue Zwetschgen. Als sie die zweihundertzweiundzwanzig Zwetschgen gegessen hatten, sagte Zwerg Zwuckel zu Zwerg Zwockel: „Mich zwickts im Bauch". Darauf antwortete Zwerg Zwockel zu Zwerg Zuckel: „Mich auch".

## Die alte Geschichte vom Schleißenscheit in mehreren Varianten

*(Schleißen bedeutet: Holz in feine Späne spalten.)*

Dies ist ein Scheit.
Ein Schleißenscheit.
Ein wohlgeschlissenes Schleißenscheit.

Mein Vater ist Hofscheitschleißer.
Er sitzt am Ofen und schleißt Scheite.
Jeden Morgen bevor er gebackt und gebissen
hat er einen großen Haufen Scheite geschnitzt und geschlissen.

Dies ist ein Schleißenscheit, ein echtes schlesisches Schleißenscheit, von einem echten schlesischen Scheiteschleißer, der auf dem Schlitten saß und Scheite schleißte.

Dies ist ein Scheit. Ein Schleißenscheit. Ein wohlgeschlissenes Schleißenscheit. Es schickt dir Frau Heißen aus Meißen. Ihr Mann ist der wohl vortrefflichste Schleißenscheitschleißmeister von Meißen. Er hat bevor er das Frühstück genossen, schon mehrere Scheite geschlissen und geschlossen.

## Der Maurer Böckl

Der Maurer Böckl trug auf seinem Buckl einen Pickel und ein Packl. Hinterdrein ging der Bummler Bäckl mit seinem Hund Bockl. Auf einmal packte dem Bäckl sein Bockl dem Böckl das Packl und riss es ihm samt dem Pickel vom Buckl.

# Die drei Jungfrauen

Hier ist der Schlüssel zum Garten, wo die drei Jungfrauen warten. Die erste hieß Binka. Die zweite hieß Bibeljabinka. Die dritte hieß Cezizizaknabbeljababbeljabibbeljabinka.Hm, sprach die Frau Binka zu der Frau Bibeljabinka, was hat die Frau Cezizizaknabbeljababbeljabibbeljabinka für eine schöne Spitze am Rock.

# Siebzehn Schnitzer

Siebzehn Schnitzer, die auf siebzehn Schnitzsitzen sitzen und mit ihren spitzen Schnitzern Ritzen in ihr Schnitzholz schlitzen, wobei sie schwitzen, sind siebzehn schnitzende, schwitzende, auf dem Schnitzsitz sitzende, spitze Schnitzer benützende Schnitzholzritzenschlitzer.

# Herr und Frau Lücke

Herr und Frau Lücke gingen über eine Brücke. Da kam eine Mücke und stach Frau Lücke ins Genicke. Da nahm Herr Lücke seine Krücke und schlug Frau Lücke ins Genicke. Und deshalb fiel Frau Lücke mit der Mücke und der Krücke im Genicke tot um.

# Rhabarberbarbara

In einem kleinen Dorf wohnte einst ein Mädchen mit dem Namen Barbara. Barbara war in der ganzen Gegend für ihren ausgezeichneten Rhabarberkuchen bekannt. Weil jeder so gerne Barbaras Rhabarberkuchen aß, nannte man sie Rhabarberbarbara. Rhabarberbarbara merkte bald, dass sie mit ihrem Rhabarberkuchen Geld verdienen könnte. Daher eröffnete sie eine Bar: Die Rhabarberbarbarabar. Natürlich gab es in der Rhabarberbarbarabar bald Stammkunden. Die bekanntesten unter ihnen, drei Barbaren, kamen so oft in die Rhabarberbarbarabar, um von Rhabarberbarbaras Rhabarberkuchen zu essen, dass man sie kurz die

Rhabarberbarbarabarbarbaren nannte. Die Rhabarberbarbarabarbarbaren hatten wunderschöne, dichte Bärte. Wenn die Rhabarberbarbarabarbarbaren ihren Rhabarberbarbarabarbarbarenbart pflegten, gingen sie zum Barbier. Der einzige Barbier, der einen Rhabarberbarbarabarbarbarenbart bearbeiten konnte, wollte das natürlich betonen und nannte sich Rhabarberbarbarabarbarbarenbartbarbier. Nach dem Stutzen des Rhabarberbarbarabarbarbarenbarts geht der Rhabarberbarbarabarbarbarenbartbarbier meist mit den Rhabarberbarbarabarbarbaren in die Rhabarberbarbarabar, um mit den Rhabarberbarbarabarbarbaren von Rhabarberbarbaras herrlichem Rhabarberkuchen zu essen.

## Im Hottentottenland

Im westlichen Teile Südafrikas lebte eine Frau, die zum Volke der Hottentotten gehörte. Sie war geistig nicht recht auf der Höhe und stotterte. Deswegen nannten sie unfeine Zungen: Hottentottenstottertrottelmutter. Sie besaß eine Beutelratte. Damit nun das Tier nicht ausriss und auch während der Regenzeit einen Schutz hätte, ließ sie für die Beutelratte einen Lattengitterwetterkotten machen. Aber wie es so geht im Hottentottenlande, jemand hatte es auf die Beutelratte der Hottentottenstottertrottelmutter abgesehen. Eines Tages, als sie ihr Tierchen in dem Lattengitterwetterkotten fütterte, wurde sie überfallen und zu Boden geworfen. Der Attentäter raubte die Beutelratte und machte sich aus dem Staube. Die Polizei fahndete ergebnislos. Nun wurde für die Ergreifung des Hottentottenstottertrottelmutterattentäters und für das Wiederbringen der Lattengitterwetterkotterbeutelratte eine Belohnung ausgesetzt: Die Hottentottenstottertrottelmutterattentäterlattengitterwetterkottenbeutelrattenfangprämie!
*(Quelle: Gustav Driesen, Karl Krug, „Deutsch, Arbeits- und Übungsbuch zur Spracherziehung")*

*Hier noch eine andere Version:*

## Hottentotten 2

Wie euch vielleicht bekannt sein dürfte, gibt es im Hottentottenlande das Känguru und die Beutelratte. Besagte Beutelratte pflegt man in Gattern, genannt Kotter, aufzubewahren, welche mit Lattengittern und Wetterschutzvorrichtungen versehen sind. Man nennt sie infolgedessen Lattengitterwetterkotter und die Beutelratte, die man darin aufbewahrt, Lattengitterwetterkotterbeutelratte.
Nach einer Legende lebte in Hottentottenland eine Hottentottenmutter, welche zwei Kinder hatte, die stotterten und an Trottolosis litten. Man nannte sie deswegen auch Hottentottenstottertrottelmutter. Auf besagte Hottentottenstottertrottelmutter wurde ein Attentat verübt, und man nannte den Attentäter den Hottentottenstottertrottelmutterattentäter. Besagter Hottentottenstottertrottelmutterattentäter wurde jedoch gefangen genommen und in ein Lattengitterwetter-

kotter gesperrt, in dem sich eine Lattengitterwetterkotterbeutelratte befand. Nach einiger Zeit kniff die Lattengitterwetterkotterbeutelratte aus und wiederum nach einiger Zeit meldete sich auf dem Bürgermeisteramt ein Mann und sagte: „Herr Bürgermeister, ich habe eine Beutelratte gefangen." „Ja, welche Beutelratte haben Sie denn gefangen?" „Herr Bürgermeister, ich habe die Beutelratte gefangen, die in dem Lattengitterwetterkotter saß, in dem der Hottentottenstottertrottelmutterattentäter gefangen war." „Ach so", sagte der Bürgermeister, „da haben Sie also die Hottentottenstottertrottelmutterattentäterlattengitterwetterkottenbeutelratte gefangen? Nun, dann nehmen Sie hier die Hottentottenstottertrottelmutterattentäterlattengitterwetterkottenbeutelrattenfangprämie in Empfang und gehen Sie befriedigt nach Hause."

# Die Pelzbetzel

Dies ist eine Pelzbetzel, eine doppelt gefütterte Fuchspelzbetzel, die schickt der Herr Brand aus Kand und lässt auch dabei sagen, dass er der rechte, echte, doppeltgefütterte Fuchspelzbetzelmachermeister Brand aus Kand sei. Und seine Frau, die Friederike, sitz' hinterm Ofen und flick' doppelt gefütterte Fuchspelzbetzeln und doppelt gefütterte Fuchspelzpatschen.

*(Betzel ist ein hessisches Wort für Kappe, Mütze. Pelzbesetzte Kappen gehörten zur heimatlichen Tracht in Schwalm/Hessen.*
*Patschen sind Hausschuhe.)*

*Dieser Zungenbrecher sowie auch der schon oben aufgetauchte „Schleißenscheit" stammen aus einer Sammlung, die der hessische Volkskundler und Heimatschriftsteller Johann Lewalter (1862–1935), auch genannt „Schang" Lewalter, im Jahr 1911 in Kassel veröffentlichte. Viele weitere der hier aufgeführten Zungenbrecher finden sich schon in dieser Sammlung, das heißt, sie sind 100 Jahre alt und älter.*

*Weitere Beispiele, die schon bei Lewalter vorkommen:*

# Es war einmal

Es war einmal ein Mann, der hatte drei Söhne. Der eine hieß Schack, der andre hieß Schackschawwerack, der dritte hieß Schackschawwerackschackommini. Nun war da auch eine Frau. Die hatte drei Töchter. Die eine hieß Sipp, die andre hieß Sippsiwwelipp, die dritte hieß Sippsiwwelippsippelimmini. Und Schack nahm die Sipp, und Schackschawwerack nahm die Sippsiwwelipp, und Schackschawwerackschackommini nahm Sippsiwwelippsippelimini zur Frau.

# Frau Flitterflatter

Dort kommt ein Wagen voll Heu. Drauf sitzt Frau Flitterflatter mit ihrer Tochter Flitterflatter. Da gibt Frau Flitterflatter ihrer Tochter Flitterflatter einen Flitterflatter, dass sie an das Flitterflattersche Haus flattert.

# Strawiner

Guten Tag, Frau Wirtin. Darf ich meinen Strawiner auf ihrer Strawunsel lassen? Nein! Wenn meine Strawiner meine Strawunsel abgestrawunselt haben, darf er seinen Strawiner auf meiner Strawunsel herumstrawunseln lassen.
*(Strawiner bedeutet Pferd. Strawunsel bedeutet Wiese.)*

# Guten Tag, gnädiger Herr

Guten Tag, gnädiger Herr! Ich, gnädiger Herr, komme vom gnädigen Herrn zu sagen, dass unsere Katze blitzblaue Augen, donnergraues Haar, grasgrüne Vorderfüße, palmgelbe Hinterfüße und einen doppelmoppeligen Schwanz hat.
*(Ob da einer seinen Vorgesetzten veräppeln wollte?)*

# Meister Feisterheister

Guten Tag, Meister Feisterheister. Ich soll schön grüßen von meinem Meister und ob Sie nicht wollen so gut sein und meinem Meister schicken ein wenig Kleister? Wenn mein Meister wird kochen Kleister bekommt Meister Feisterheister wieder seinen Kleister von meinem Meister.

## Nochmal die drei Jungfrauen

Hier ist der Schlüssel zum Garten
wo die drei schönen Jungfrauen warten.
Die erste hieß Binka,
die zweite hieß Biwelia-Binka,
die dritte hieß Ci-ci-kni-kann-knawelia-bawelia-bewelia-biwelia-binka.
Da nahm Binka einen Stein
und warf ihn Biwelia-Binka an das Bein,
da fing Biwelia-Binka
und auch Ci-ci-kni-kann-knawelia-bawelia-bewelia-biwelia-binka
an zu schrei'n.

## Sieben ganz andere Jungfrauen

Hier ist der Schlüssel zum Garten,
wo die sieben Jungfrauen warten,
die erste heißt Cäsi,
die zweite heißt Cäsi-knikknak,
die dritte heißt Cäsi-knikknak-knaba,
die vierte heißt Cäsi-knikknak-knaba-baba-pia,
die fünfte heißt Cäsi-knikknak-knaba-baba-pia-binka,
die sechste heißt Cäsi-knikknak-knaba-baba-pia-binka-bia,
die siebente heißt Cäsi-knikknak-knaba-baba-pia-binka-bianka.

# Kapitel 6

## Gereimte Zungenbrecher, manchmal geschüttelt

*Zungenbrecher in Versen sind eigentlich ein Widerspruch. Die Form des Verses will die Zunge beruhigen, die Art des Inhalts sie jedoch ins Stolpern bringen. Und groß ist immer die Freude an einem gelungenen Schüttelreim.*

Es klapperten die Klapperschlangen
bis ihre Klappern schlapper klangen.

In der ganzen Hunderunde
gab es nichts als runde Hunde.

Auf den sieben Robbenklippen
sitzen sieben Robbensippen,
die sich in die Rippen stippen,
bis sie von den Klippen kippen.

Dicke Fichten nicken fichtig.
Lichte Nichten dichten nichtig.
Flinke Finken picken tüchtig
tief im dichten Fichtendickicht.

Zwanzig Zwerge zeigen Handstand,
zehn im Wandschrank, zehn am Sandstrand.

Frau von Hagen, darf ich's wagen, Sie zu fragen,
wie viel Kragen sie getragen, als sie lagen
krank am Magen im Spital zu Kopenhagen?

Der Stadtrat von Radstadt
steigt dem Postfräulein auf d' Frostbeulen
d'rauf haut's ihm die Postmappen in die Mostpappen.

Es klebt in meinem Kannenset
Kartoffelpufferpfannenfett.

Manche Leute können's nicht ertragen,
wenn laute Lautenspieler laut die Laute schlagen.
Drum spielen heute laute Lautenspieler leise Laute,
weil manchen Leuten vor den lauten Lautenlauten graute.

Unter einer Fichtenwurzel
hört ich einen Wichtel furzen.

Hinter Hermann Hannes Haus
hängen hundert Hemden raus.
Hundert Hemden hängen raus
hinter Hermann Hannes Haus.

In Leipzig, in der Pleiße-Stadt,
da sitzt man sich die Steiße platt.

Der Kraftprotz stemmt den Hackklotz,
den Hackklotz stemmt der Kraftprotz.

*Ein Volkslied:*
Heut kommt der Hans zu mir, freut sich die Lies:
Ob er aber über Oberammergau,
oder aber über Unterammergau,
oder aber überhaupt nicht kommt, ist nicht gewiss.

Ein Wagen kam nach Gossensass
und fuhr durch eine Soßengass,
so dass die ganze Gassensoß'
sich über die Insassen goss.

Wenn mancher Mann wüsste, wer mancher Mann wär,
gäb mancher Mann manchem Mann manchmal mehr Ehr.
Doch weil mancher Mann nicht weiß, wer mancher Mann ist,
mancher Mann manchen Mann manchmal vergisst.

Echte Dichter dichten leichter bei Licht,
auch freche Fechter fechten Mitternachts nicht.

Es gibt nicht so viele Tage im Jahr,
wie der Fuchs am Schwanz hat Haar`.

Es kam ein Schiff von Laufenburg,
es war beladen mit Hirschen,
mit Kirschenmirschen,
Krispenkraspen grün.
Da kam der König von Mähren
und fragte, ob Kirschenmirschen,
Hirsche, Krispenkraspen grün da wären.

Über den hohen Eichenast
hastet ein Eichhörnchen ohne Rast.
Das Eichhörnchenschwänzchen leuchtet im Licht
trotz schattigem, dichtem Eichendickicht.

Der schöne alte Gipsspachtel
ward aus Versehen festgegipst
in der Gipsspachtelschachtel.
Doch im Gipsspachtelschachtelgips
der Spachtel niemandem mehr nützt.

Die Boxer aus der Meisterklasse
boxten sich zu Kleistermasse,
und aus dem ganzen Massenkleister
erhebt sich stolz der Klassenmeister.

*Ein Zwiebelzwiebackzappelzwerg*
*sitzt auf 'nem Zwiebackbackwerkberg*
*und zappelt und zwiebelt*
*und rappelt und rüpelt,*
*bis der Zwiebelzwiebackzappelzwerg*
*den ganzen Zwiebackbackwerkberg*
*vollständig hat zerkrümelt.*

Hundert Häschen hopsen hurtig über hundert Hecken,
hinter hundert Haufen Holz woll'n sie sich verstecken.

Den winzigen Zwerg Zimpelpum zwickt seine Zipfelmütze.
Er zupft, er zieht und zerrt zuletzt voll Zorn sie in die Pfütze.

Auf dem Charlottenburger Türmchen
sitzt ein Würmchen mit 'nem Schirmchen,
kommt ein Stürmchen, reißt das Würmchen
mit dem Schirmchen vom Charlottenburger Türmchen.

Als wir noch in der Wiege lagen,
gab's noch keine Liegewaagen.
Jetzt kann man in den Waagen liegen
und sich in allen Lagen wiegen

Rosa Rose pflückt in rosenroten Hosen große rosenrote Rosen.

Hätten Tanten Trommeln statt Trompeten
täten Tanten trommeln statt zu tröten.

Sieben Riesen niesen, weil Nieselwinde bliesen.
Ließen die Winde dieses Nieseln, ließen die Riesen auch das Niesen.

# Kapitel 7

## Beamtensprache
## in Verse gegossen

*Lange, unpoetische Wörter in Versform sollen diese Sammlung von Zungenbrechern um eine neue Sparte ergänzen. Es handelt sich dabei um tatsächlich gebräuchliche Begriffe, wie sie in Briefen von Ämtern oder Versicherungen gerne auftauchen.*

## Umsatzsteueridentifikationsnummer

*Der fleißige Lohnsteuerbescheinigungsversender*
*ist kein schnöder Bescheinigungspapierverschwender*
*doch hat er schlimmen Rekombinationskummer*
*mit seiner Umsatzsteueridentifikationsnummer*

# Grunddienstbarkeitsbewilligungserklärung

*Eine Grunddienstbarkeitsbewilligungserklärung*
*stelle ich Ihnen aus*
*als Erlaubnis zur Überquerung*
*meines Weges vor Ihrem Haus.*

# Personenvereinzelungsanlage

*Das Drehkreuz als Personenvereinzelungsanlage*
*ist für manch' Drehkreuzpassagier eine einzig' Plage.*

# Leistungsnachweiserbringungspflicht

*Er weiß nach pflichtiger Leistungsbringung nicht*
*von seiner Leistungsnachweiserbringungspflicht.*

# Kontaktlinsenverträglichkeitstest

*Blanka Blinzel feiert ein fröhliches Fest*
*nach bestandenem Kontaktlinsenverträglichkeitstest.*

# Datenschutzeinwilligungs- und Schweigepflichtentbindungserklärung

*Mit Schweigepflicht schwanger ward eine Erklärung*
*Sie entband nach einer Legislatur.*
*Der Schweigepflichtentbindung folgte die Ehrung*
*jener Schweigepflichtentbindungserklärung*
*mit viel Beifall und Bravour.*

*Bekam vom Datenschutz auch eine Billigung*
*und wurde durch Entbindung und Einwilligung*
*und nach schriftlicher Bewährung*
*zur*
*Datenschutzeinwilligungs- und Schweigepflichtentbindungserklärung.*

# Kapitel 8

## Leicht zu sprechen,
## doch schwer zu verstehen

*Hier sind es nicht die Worte, sondern die Sätze, über die wir stolpern. Gleiche Worte mit unterschiedlicher Bedeutung werden fröhlich aneinandergereiht und da stehen sie dann Hand in Hand und sorgen für Verwirrung. Oder aber die Worte verwursteln sich in unübersichtlichen Satzgebilden. Interessant ist, welch flotten Rhythmus diese Sprüche oft entwickeln.*

Ich ess nicht Essig, ess ich Essig, ess ich Essig im Salat.

She was here from two to two to two too.
*(Sie war hier auch von zwei vor Zwei bis zwei nach zwei.)*

Wenn hinter Fliegen Fliegen fliegen, fliegen Fliegen Fliegen nach.

Wenn hinter Hexen Hexen hexen, hexen Hexen Hexen nach.

Wenn hinter Krabben Krabben krabbeln, krabbeln Krabben Krabben nach.

Wenn hinter Rollen Rollen rollen, rollen Rollen Rollen nach.

Wenn hinter rollenden Rollen rollende Rollen rollen, rollen rollende Rollen rollenden Rollen nach.

Wenn Rumkugeln um Rumkugeln rum kugeln, kugeln Rumkugeln um Rumkugeln rum.

Wenn rumkugelnde Rumkugeln um rumkugelnde Rumkugeln rum kugeln, kugeln rumkugelnde Rumkugeln um rumkugelnde Rumkugeln rum.

Wenn Hessen in Essen Essen essen, essen Hessen Essen in Essen.

„Lass mich ma' riechen", sagte Mariechen zu Mariechen. Da ließ Mariechen Mariechen ma' riechen.

Wenn hinter Robben Robben robben, robben Robben Robben nach.

Wenn Grillen grillen, grillen Grillen Grillen.

Selbst wer dort, wo alles verkehrt verkehrt, verkehrt verkehrt, verkehrt verkehrt und wird bestraft.

*Ich weiß, dass Weiß weiß, dass Weiß weiß ist.*
*(von Lorenz T. Reimann)*

Wenn du denkst, du denkst, dann denkst du nur du denkst, aber denken tust du nicht.

Denke nie, du denkst, denn wenn du denkst, du denkst, dann denkst du nicht, dann denkst du nur du denkst, denn das Denken der Gedanken ist gedankenloses Denken.

*Sokrates hat mal gesagt: „Ich weiß, dass ich nichts weiß"*
*Zungenbrecherausdenker haben daraus gemacht:*

Wer nichts weiß und weiß, dass er nichts weiß, weiß mehr als der, der nichts weiß und nicht weiß, dass er nichts weiß.

Wer wer weiß was weiß, weiß wer weiß wie viel.

Wenn ich weiß, was du weißt, und du weißt, was ich weiß, dann weiß ich, was du weißt, und weißt du, was ich weiß.

*Der Physiker Werner Heisenberg (1901–1976) soll gesagt haben:*
„Wenige wissen, wie viel man wissen muss, um zu wissen, wie wenig man weiß."

Der Zweck hat den Zweck, den Zweck zu bezwecken. Wenn der Zweck seinen Zweck nicht bezweckt, hat der Zweck keinen Zweck.

Der Leutnant von Leuthen befahl seinen Leuten, nicht eher zu läuten, bis der Leutnant von Leuthen seinen Leuten das Läuten befahl.

Bismarck biss Mark, bis Mark Bismarck biss.

So Susi, Sie Sau Sie, so sehen Sie Sanssouci.

Vier, fünfmal vervierfacht, macht mehr als fünf, viermal verfünffacht.
*(4096 ist größer als 3125)*

Arme haben Arme. Arme haben Beine. Beine haben keine Arme. Arme Beine.

Zwischen oder und und und und und und und und und oder ist immer ein Leerzeichen.

Auf des Fleischhauers Schild war der Abstand zwischen „Käse" und „und" und „und" und „Wurst" zu klein geraten.

Weißt du das, dass das "das" das meistgebrauchte Wort im Satz ist?

Er sagte über das "dass" das: dass das das "dass", das "dass" geschrieben wird, ist.

Die, die die, die die Gänse gestohlen haben, festnehmen, werden belohnt.

Die, die die, die die Diebe ausreißen ließen, der Polizei melden, bekommen eine Belohnung!

Glücklich ist der Tourist, wenn er auf einer Tour ist und in einer Tour isst.

*Wenn weiche Weichen besser sind als harte Weichen, müssen harte Weichen weiche Weichen weichen.*

Es soll vorkommen, dass die Nachkommen mit dem Einkommen nicht mehr auskommen und dann vollkommen verkommen umkommen.

Wer Mist misst, misst Mist.

Einst bergte ich den Krabbel hinauf, da sah ich ein Guckte und loch hinein. Drinnen saßen drei Stühle auf gepolsterten Herren. Da nahm ich meinen Tag ab und sagte "Guten Hut, meine Herren". Da lachten sie an zu fingen, dass Ihnen der Platz bauchte. Hahaha, falleriti, was lacht es da zu gibtsen?

*Das Kastenbrot liegt im Kastenbrotbrotkasten, welcher geliefert wird im Kastenbrotbrotkastenkasten. Somit wäre das Kastenbrot auch ein Kastenbrotbrotkastenkastenbrot.*

*Herr Weber, der Maurer, kauft bei Herrn Bauern, dem Bäcker, ein Brot, dessen Korn Herr Bäcker, der Bauer, zu Herrn Schneider, dem Müller, gebracht hatte, gekleidet in ein Hemd, das Herr Müller, der Weber, einst webte. Herr Maurer, der Schneider, aber, nähte es im Haus, das Herr Weber, der Maurer, ihm baute.*

Teigwaren heißen Teigwaren, weil Teigwaren Teig waren.

Wer nichts wird, wird Wirt, Wirt wird, wer nichts wird.

*Wer lügend läge, lög die Lage liegend. Wer liegend löge, läg die lügende Lage leugnend.*

Maler Malte malte einen Maler, der Malte malte.

Des Weiteren ist das Übrige auszuschließen, und im Übrigen sind die Ausschlüsse zu erweitern, und die Erweiterungen sind ausschließlich zu erübrigen. Erübrigungen werden des Weiteren ausgeschlossen. Ausgeschlossene Erweiterungen sind übrig. Übrige Ausschlüsse werden erweitert. Erweiterte Erübrigungen werden ausgeschlossen. Auszuschließende Erübrigungen werden erweitert.

Derjenige, der denjenigen, der den Pfahl, der auf der Brücke, die auf dem Wege nach Wuppertal liegt, steht, umgeworfen hat, einfängt, erhält eine Belohnung und wird lobend im Gemeindekasten aufgehängt.
*(der Legende nach der Text eines Aushanges im Gemeindekasten)*

Derjenige, der denjenigen, der den Pfahl, der an der Brücke, die an der Straße, die nach Mainz führt, liegt, stand, umgeworfen hat, anzeigt, erhält eine Belohnung.

*Gabelstapler stapeln Gabeln, Stapelgabler gabeln Stapel. Stapel gabeln Stapelgabler, Gabeln stapeln Gabelstapler.*

*Die Betreuer der Betreuer müssen nicht die Betreuten betreuen, die die Betreuer betreuen müssen.*
*(von Lorenz T. Reimann)*

# Kapitel 9

## Leicht scheinende, doch besonders schwer auszusprechende Schnellsprechsprüche

*Diese Zungenbrecher sehen so unscheinbar aus, haben es aber umso mehr in sich. Versuchen Sie mal, diese Sprüche dreimal hintereinander flüssig und nicht zu langsam aufzusagen!*

Fips mixt Fixmixtrinks, fix mixt Fips Fixmixtrinks.

Max macht Wachsmaskenwachs, Wachsmaskenwachs macht Max.

Wenn du Wachsmasken magst: Max macht Wachsmasken.

Max, wenn du Wachsmasken magst, dann mach Wachsmasken.

Griesbrei bleibt Griesbrei, und Kriegsbeil bleibt Kriegsbeil.

Messwechsel, Wachsmaske. Wachsmaske Messwechsel.

Plättbrett bleibt Plättbrett.

Rotkraut bleibt Rotkraut, und Brautkleid bleibt Brautkleid.

Testtexter texten Testtexte, Testtexte texten Testtexter.

Der Kaplan Klapp plant ein klappbares Pappplakat.

Der Kaplan klebt Pappplakate.

Der klapprige Kaplan Klapp klebt Papp-Plakate mit Pappplakatkleber an die Plakatwand.

Klappernd klebt der plappernde Kaplan die klappbaren Pappplakate mit Pappplakatkleber an die Plakatwand.

Der kleine plappernde Kaplan klebt poppige peppige Papp-Plakate an die klappernde Kapellwand.
*(Puppenspieler René Marik in seinem Programm „Autschn")*

Bald blüht breitblättriger Breitwegerich.

Metzger, wetz dein Metzgermesser. Dein Metzgermesser wetz, Metzger.

Der Whiskymixer mixt Whisky, Whisky mixt der Whiskymixer.

Der Barmixer Bill mixt Whisky in seinem Whiskymixer.

Stahlblaue Stretchjeansstrümpfe strecken staubige Stretchjeans. Staubige Stretchjeans strecken stahlblaue Stretchjeansstrümpfe.

Der Braumeister zu Zipf zapft zehn Fässer Zipfer.

Gute Glut grillt Grillgut gut.

Unser alter Ofentopfdeckel tröpfelt.

Geschwisterzwist zwischen Slivovic schlürfenden, spitzen, twistenden und schwitzenden Zwitscherschwestern.

## *Mit Steigerungsstufen aus England – sehr schwer:*

*1. Stufe:*

*(Deutsch: Drei Hexen schauen sich drei Swatch Uhren an. Welche Hexe schaut welche Swatch Uhr an?)*

*Englisch:* Three witches watch three Swatch watches. Which witch watch which swatch watch?

*2. Stufe:*

*(Deutsch: Drei geschlechtsumgewandelte Hexen schauen sich drei Swatch Uhrenknöpfe an. Welche geschlechtsumgewandelte Hexe schaut sich welchen Swatch Uhrenknopf an?)*

*Englisch:* Three switched witches watch three Swatch watch switches. Which switched witch watch which Swatch watch switch?

*3. Stufe:*

*(Deutsch: Drei schweizer Hexenschlampen, die sich wünschen geschlechtsumgewandelte schweizer Hexenschlampen zu sein, wollen sich schweizer Swatch Uhrenknöpfe anschauen. Welche schweizer Hexenschlampe, die sich wünscht eine geschlechtsumgewandelte schweizer Hexenschlampe zu sein, will sich welchen schweizer Swatch Uhrenknopf anschauen?)*

*Englisch:* Three Swiss witch-bitches, which wished to be switched Swiss witch-bitches, wish to watch Swiss Swatch watch switches. Which Swiss witch-bitch which wishes to be a switched Swiss witch-bitch, wishes to watch which Swiss Swatch watch switch?

# Kapitel 10

## Skurrile Zungenbrecher
## und lange Wörter

*Weil bei Zungenbrechern meist die Form über den Inhalt triumphiert, kommt es oft zu skurrilen Wortschöpfungen. Aber auch das reale Leben hat an langen Wörtern einiges zu bieten.*

Kalle Kahlekatzenglatzenkratzer kratzt kahle Katzenglatzen.

Wer gegen Aluminium minimal immun ist, besitzt Aluminiumminimalimmunität.

Wenn meine Braut Blaukraut klaut, ist sie eine Blaukrautklaubraut.

Wenn das knatternde Gatter rattert, knattert das ratternde Gatter.

*Wenn das knatternde Gatter rattert, dann ist das ein Knattergattergeratter. Darüber ist dein Gatte verdattert, dein knattergattergeratterverdatterter Gatte. Er nagelt übers Knatterrattergatter eine Latte, die Knatterrattergatterlatte, dein lieber Knatterrattergatterlattengatte.*

Konstantinopolitanischedudelsackpfeifenröhrlifabrikantentochter

Die Köchin mit dem Tupfenkopftuch kocht Karpfen mit dem Kupferkochtopf. *Sie ist eine Tupfenkopftuchkupferkochtopfkarpfenköchin.*

Jauchzende Jubeljodeljungen jodeln jauchzende, jubelnde Jungenjubeljodeljauchzer.
*(Dieser Spruch ist musikalisch und lässt sich sicher auch gut jodeln.*
*Der folgende Spruch ist ähnlich, aber vom Rhythmus her weniger jodelgeeignet:)*

Junge jodelnde Jodler-Jungen jodeln jaulende Jodel-Jauchzer, jaulende Jodel-Jauchzer jodeln junge jodelnde Jodler-Jungen.

Der Streusalzstreuer zahlt keine Streusalzstreuersteuer.

Donaudampfschifffahrtsgesellschaftskapitänstellvertretersgattin

Feuerwehrrettungshubschraubernotlandeplatzaufseherin

Riesenradbewegungsrichtungswechselschalterstellenmanager

Fischer, die als Floßfahrer auf Flussflößen auf Floßflüssen fahren, sind fischende Floßflussflussfloßfahrer. Wenn die fischenden Floßflussflussfloßfahrer aus den Floßflüssen Fische fischen, sind's nicht Floßfische – auch nicht bloß Fische – es sind Floßflussfische. Es sind Flossenfische: es sind Floßflussflossenfische.

Haifischschwanzflossenfleischsuppe

Leichtathletikweltmeisterschaftsentscheidungswettkampf

Wussten Sie schon, dass, wenn von Walzwerken und Waldzwergen die Rede ist, es zu Irritationen beim Hörer führt, da es phonetisch nicht ganz leicht ist zu unterscheiden, ob es sich um Walzwerke oder Waldzwerge handelt. Gott sei Dank ist es aber relativ selten, dass ein Waldzwerg ein Walzwerk besucht oder Walzwerke in der Umgebung der Waldzwerge erbaut werden. Wenn allerdings ein Waldzwerg ein Walzwerk baut, handelt es sich demzufolge um ein Waldzwergwalzwerk. Wenn dieser dann auch noch darin arbeitet ist es dann offensichtlich ein Walzwerkwaldzwerg.

*Deutsche Verordnungen, die lange Wörter ergeben, gibt es einige. Hier sind ein paar Beispiele:*

Landschaftsschutzgebietsverordnung

Volksbegehrensverfahrensverordnung

Steuerhinterziehungsbekämpfungsgesetz

*Den Vogel aber schießt ein Gesetzentwurf ab, der allen Ernstes im Jahr 1999 dem Landtag von Mecklenburg-Vorpommern vorgelegt wurde und bei den Abgeordneten für schallendes Gelächter sorgte. Es nannte sich:*

Rinderkennzeichnungs- und Rindfleischetikettierungsüberwachungsaufgabenübertragungsgesetz, kurz RkReÜAÜG

*Das später beschlossene Gesetz wurde in mehrere Wörter aufgeteilt und lautete dann: Gesetz zur Übertragung der Aufgaben für die Überwachung der Rinderkennzeichnung und Rindfleischetikettierung. Das Wort Rindfleischetikettierungsüberwachungsaufgabenübertragungsgesetz kommt auf stolze 63 Buchstaben.*

*Und folgendes, einst tatsächlich existierendes Wort hat sogar noch mehr, nämlich 67 Buchstaben:*
Grundstücksverkehrsgenehmigungszuständigkeitsübertragungsverordnung

*Eine Vorschrift mit diesem Namen hatte bis 2007 Gültigkeit.*

*Zur Entspannung gibt es jetzt einen kleinen Likör:*

Stichpimpulibockforcelorum

*Diesen Likör muss man schon wegen seines Namens lieben! Es ist ein Kräuterlikör, dafür steht das Wort am Anfang: **Stich**os. Enthalten sind unter anderem **Pim**pernuss, **Pul**que, **Lieb**stöckel, **Bock**sdorn, **For**le (Kiefernsaft), **Cer**ealien, **Lotus** und **Rum**. Seit 1893 gibt es Stichpimpulibockfocelorum. Er wird heutzutage in der Klosterbrennerei des Klosters Walkenried im Harz hergestellt.*

Straßenbahnschienenritzenreinigerin
*Diese Bezeichnung stammt von Karl Valentin und aus einer Zeit, in der Straßenbahnen noch von Pferden gezogen wurden, die mitunter auf die Gleise äpfelten.*

*Und noch ein sehr bekanntes Wort von Karl Valentin und Liesl Karlstadt:*
Isopropylpropenylbarbitursauresphenyldimethyldimethylaminopyrazolon

*Spaßvögel haben ein Wort erfunden, das die Angst vor langen Wörtern bezeichnet:*
Hippopotamonstrosesquipedaliophobie

*Der Hippopotamonstrosesquipedaliophobiker vermeidet es, Wörter zu sprechen, zu lesen oder zu schreiben, die so lang sind wie ein Nilpferd groß ist.*

# Kapitel 11

## Zungenbrecherische
## Länder und Leute

*Schwer auszusprechende Ländernamen führen mitunter zur Bildung neuer Zungenbrecher. Spitzenreiter zwischen diesen beiden Buchdeckeln ist: Tschechien.*

*sehr verzwickter Spruch:*
Auf einem russischen Passagierschiff jammte ein tschechischer Swing-Jazz-Session-Cellist.

Ein chinesischer Chirurg schenkt seinen tschechischen Skifreunden frische Shrimps – frische Shrimps schenkt ein chinesischer Chirurg seinen tschechischen Skifreunden.

Ein tüchtiger Chirurg schließt tschechisch-chinesische Freundschaft.

Sie stellte das tschechische Streichholzschächtelchen auf den Tisch. Auf den Tisch stellte sie das tschechische Streichholzschächtelchen.

Sechs sächsische Säufer zahlen zehn tschechische Zechen.

Zwischen zwei Zwetschgenzweigen sitzen zwei zechenschwarze tschechisch zwitschernde Zwergschwalben.

Sechzig tschechische Chefchemiker scheuchen keusche chinesische Mönche in seichte Löschteiche.

Sechzig tschechische Chemiker checken rechnerisch technische Schemata.

Tschechische Gucci-Täschchen

Tschechische Regisseure schätzen schöne chinesische Schüsselchen.

Zwei verzweifelte tschechische Zwergziegenzüchter zwitscherten zwei tschechische Zwetschgenschnäpse zu viel.

Chinesisches Schüsselchen, chinesisches Schüsselchen, chinesisches Schüsselchen …

Spinnende spanische Spanner verspannen spannende spanische Spinner.

Von Spinnen versponnene Spanier spachteln Speisen mit spitzen Spaten. Mit spitzen Spaten spachteln von Spinnen versponnene Spanier Speisen.

Fritz Schmitt spricht schlecht Spanisch.

Zwei Schweizer schwitzen beim Schweißen – beim Schweißen schwitzen zwei Schweizer.

Sechs schwarze schweizer Schwertschweißer schweißen schwitzend sechs schwere schweizer Schwerter.

Zwanzig schwer zweifelnde schweizer Schweißer zwängten zweiundzwanzig schwere Schweine zum Zug.

Der, der den Dänen dient, der dient den Dänen.

Der, der dem, der den Dänen dient, dient, der dient dem, der den Dänen dient.

Dänen, denen Däninnen dienen, denen Dänen dienen, dienen Däninnen, denen Dänen dienen.

Dänen, und denen, denen Dänen gefallen, geht es gut.

Russische Russen rutschen russische Rutschen russisch runter.

Wenn hinter Griechen Griechen kriechen, kriechen Griechen Griechen nach.

Allergischer Algerier, algerischer Allergiker.

Wenn Inder in der Inderschule Inder schulen, schulen Inder in der Inderschule Inder.

Am Ammersee aßen achtzig Afrikaner alle Abend appetitliche Ananas.

Acht Amerikaner kamen nach Kamenz, um Carmen zu umarmen.

In allen Fallen in St. Gallen lallen alle:„Allen gefallen die Fallen in St. Gallen, in denen alle lallen."

# Kapitel 12

## Moderne
## Schnellsprechsprüche

*Im Gegensatz zu „Schleißenscheit" und „Pelzbetzel" handeln die Sprüche in diesem Kapitel von der Gegenwart. Sie sind jünger, jedoch nicht weniger verzwickt als ihre Ururgroßeltern.*

Manches Schminkschwämmchen schwimmt, und manches Schminkschwämmchen schwimmt nicht.

Der Flugplatzspatz nahm auf dem Flugplatz Platz. Auf dem Flugplatz nahm der Flugplatzspatz Platz.

Wenn der Benz bremst, brennt das Benzbremslicht.

*Pattis Patentante trägt platte Plüschpantoffeln, platte Plüschpantoffeln trägt Pattis Patentante.*

*Was wär, wenn`s world wide web weg wär.*
*(von Lorenz T. Reimann)*

Mein Spitzer spitzt Stifte spielend spitz. Spitz spitzt mein Spitzer spielend Stifte.

Sind die Stoppernoppen an den Noppensocken zum Stoppen?
Die Stoppernoppen an den Noppensocken sind zum Stoppen.

Die kariert lackierte Rakete

Flankenkicker Flick kickt flinke Flanken. Flinke Flanken kickt Flankenkicker Flick.

Eine Diplombibliothekarin ist eine Bibliothekarin mit Diplom. Eine Bibliothekarin mit Diplom ist eine Diplombibliothekarin.

Großstaubschutzmaskensets sind Schutzsets mit Großstaubschutzmasken zum Schmutzschutz.

Schmalspurbahnschienen sind schmaler als Breitspurbahnschienen.

Sensitive Selektionssimulatoren sondieren sogar sekundär strukturierte Sonarselektoren. Sogar sekundär strukturierte Sonarselektoren sondieren sensitive Selektionssimulatoren.

Ich weiß, dass das dass, das das „ß" enthielt, heute mit „ss" geschrieben wird.

Der Staubsaugerschlauch saugt auch Hausstaub in den Staubsaugerbauch.

Bobs Pop-up-Blocker blockt Bobs Pop-Ups locker.

Frischlackiertes Schleiflackkästchen

# Kapitel 13

## Sinneswandel

*Folgende Worte schnell und oft wiederholen und den Wandel des Sinnes erlauschen.*

Hirsch heißt er.
*wird zu: Hier scheißt er.*

Hirsch heißt mein Vater.

Ich hab ne schwarze Perlenkette.
*wird schnell wiederholt zu: Ich hab nen schwarzen Kerl im Bette.*

Im Fenster sah ich ein Perlenkissen, im Fenster sah ich ein Perlenkissen, im Fenster sah ich ein Perlenkissen
*einfach ausprobieren …*

Teppich, Teppich, Teppich, Teppich …
*irgendwann hört man: Depp ich, Depp ich …*

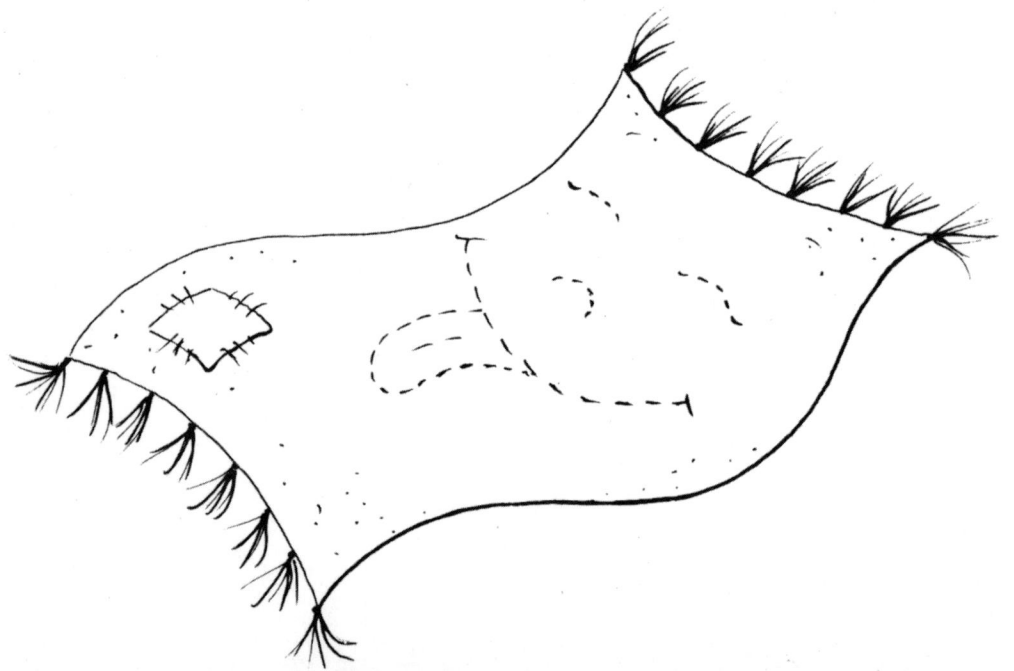

# Kapitel 14

## Ein paar Zungenbrecher
## in anderen Sprachen

*Im Englischen wird die Zunge nicht gebrochen, sondern verwirbelt mit dem „tongue twister". Im Italienischen heißt es „scioglilingua", Zungenschmelzer. So gibt es in jedem Land und wohl auch in jeder Sprache Wortspiele und Schnellsprechsprüche. Hier folgt eine kleine Auswahl zum Ausprobieren.*

## Englisch – tongue twisters

I saw Susie sitting in a shoe shine shop. Where she sits she shines, and where she shines, she sits.
*(Ich sah Susie im Schuhputzladen sitzen. Wo sie sitzt, da putzt sie, wo sie putzt, das sitzt sie.*
*… Man muss höllisch aufpassen, sonst sagt man: „She shits …")*

A skunk sat on a stump and thunk the stumps stunk, but the stump thunk the skunk stunk.
*(Ein Stinktier saß auf einem Stumpf und hat gedacht, der Stumpf stinkt, aber der Stumpf hat gedacht, das Stinktier stinkt)*

Around the rugget rocks the ragged rascal ran.
*(Um die schroffen Steine rannte der schlumpige Schuft.)*

Betty better butter Brads bread.
*(Betty buttert Brads Brot besser.)*

Swan swam over the sea. Swim, swan, swim! Swan swam back again. Well swum, swan!
*(Schwan schwamm über den See. Schwimm, Schwan, schwimm! Schwan schwamm zurück. Gut geschwommen, Schwan!)*

Red lorries, yellow lorries, red lorries, yellow lorries, red lorries, yellow lorries, usw.
…
*(rote Lastkraftwagen, gelbe Lastkraftwagen …)*

## Italienisch – scioglilingua

Tre tigri contro tre tigri. Trentatré tigri contro trentatré tigri
*(Drei Tiger gegen drei Tiger, dreiunddreißig Tiger gegen dreiunddreißig Tiger)*

Orrore, orrore, un ramarro verde su un muro marrone!
*(Oh weh, oh weh, eine grüne Eidechse an der braunen Wand!)*

Trentatre trentini entrarono in Trento tutti e trentratre trotterellando.
*(Dreiunddreißig Trentiner kamen nach Trient, alle dreiunddreißig in leichtem Trab laufend.)*

Apelle, figlio di Apollo, fece una palla di pelle di pollo, tutti i pesci vennero a galla per vedere la palla di pelle di pollo, fatta da Apelle, figlio di Apollo.
*(Apelle, der Sohn von Apollo, machte einen Ball aus Hühnerhaut und alle Fische kamen an die Oberfläche, um den Ball aus Hühnerhaut zu sehen, den Apelle, der Sohn von Apollo, gemacht hat.)*

Pensa a chi ti pensa, non pensare a chi non ti pensa, perchè se pensi a chi non ti pensa chi ti pensa non ti penserà più. Pensaci su!
*(Denk an den, der an dich denkt; denk nicht an den, der nicht an dich denkt, denn wenn du an den denkst, der nicht an dich denkt, wird der, der an dich denkt, nicht mehr an dich denken. Denk darüber nach!)*

# Spanisch – trabalenguas

Un tigre, dos tigres, tres tigres comen trigo en un trigal.
*(Ein Tiger, zwei Tiger, drei Tiger fressen Weizen in einem Käfig.)*

Yo como poco coco, como poco coco compro.
*(Da ich wenig Kokosnüsse esse, kaufe ich wenig Kokosnüsse.)*

Una cacatrepa trepa tiene tres cacatrepitos.
Cuando la cacatrepa trepa trepan los tres cacatrepitos.
*(Eine kletternde Raupe hat drei Räupchen. Wenn die Raupe klettert, klettern die drei Räupchen.)*

Mi caballo pisa paja, paja pisa mi caballo.
*(Mein Pferd stapft ins Heu, ins Heu stapft mein Pferd.)*

Jorge, el cerrajero, vende cerrajes en la cerrajería.
*(Jorge, der Schlosser, verkauft Schlösser in der Schlosserei.)*

Pepe Pecas pica papas con un pico. Con un pico pica papas Pepe Pecas.
*(Pepe Pecas hackt Kartoffeln mit einer Hacke. Mit einer Hacke hackt Kartoffeln Pepe Pecas.)*

# Französisch – virelangue

Un chasseur, sachant chasser sans
son chien, est un bon chasseur.
*(Ein Jäger, der ohne seinen Hund
jagen kann, ist ein guter Jäger.)*

Pauvre petit pêcheur, prend patience
pour pouvoir prendre plusieurs
petits poissons.
*(Armer kleiner Fischer, sei geduldig,
wenn du viele kleine Fische fangen
willst.)*

Cinq chiens chassent six chats.
*(Fünf Hunde jagen sechs Katzen.)*

Trois petites truites cuitestrois
petites truites crus
*(Drei kleine Forellen gekocht, drei
kleine Forellen roh)*

Si ton tonton tond ton tonton, ton
tonton sera tondu par ton tonton.
*(Wenn dein Onkel deinem Onkel die
Haare schneidet, werden deinem
Onkel von deinem Onkel die Haare
geschnitten.)*

Fruits frais, fruits frits, fruits cuits,
fruits crus
*(Frische Früchte, frittierte Früchte,
gekochte Früchte, Früchte roh)*

# Niederländisch – tongbreker

Jeukt jouw neus ook zoals mijn neus jeukt?
*(Juckt deine Nase auch so, wie meine Nase juckt?)*

De kat krabt de krullen van de trap.
*(Die Katze kratzt Holzspäne von der Treppe.)*

Moeder sneed zeven scheve sneden brood.
*(Mutter schneidet sieben schiefe Scheiben Brot.)*

Meisje met je mooie mondje moet je met je maatje mee?
*(Mädchen mit dem schönen Mund, musst du mit deiner Mutter gehen?)*

Ping en Pong speelden pingpong. Ping pingpongde de pingpongbal naar Pong en Pong pingpongde de pingpongbal naar Ping.
*(Ping und Pong spielten Pingpong. Ping pingpongte den Pingpongball zu Pong und Pong pingpongte den Pingpongball zu Ping.)*

Achtentachtig prachtige grachten.
*(Achtundachtzig prächtige Grachten)*

To en Tom aten tomaten, Tom at en To vrat.
*(To und Tom aßen Tomaten, Tom aß und To fraß.)*

# Kapitel 15

## Schibboleths

Als Schibboleths werden Worte und Sprüche bezeichnet, die auf bestimmten Erkennungsmerkmalen einer Sprache beruhen. Nach dem Motto: Wenn du das richtig aussprechen kannst, bist du einer von uns.

Das hebräische Wort Schibboleth stammt aus einer biblischen Geschichte. Es bedeutete damals nichts anderes als „Ähre" oder auch „Strom, Fluss". In einem Krieg zwischen den Städten Gilead und Ephraim fragten die Soldaten der einen Seite die Flüchtlinge von der anderen Seite: Bist du ein Ephraimiter? Wenn jener sagte: „Nein", dann forderten die Soldaten: „Sag Schibboleth" Sprach der Flüchtige aber „Sibboleth", dann darum, weil er es nicht richtig aussprechen konnte und somit doch ein Ephraimiter war. Diesen ergriffen also die Soldaten und erschlugen ihn.

Solche Beispiele gibt es einige in der Geschichte der Kriege und Länder, in denen es wichtig war, Freund und Feind voneinander zu unterscheiden.

Der Begriff Schibboleth hat jedoch die Jahrhunderte überdauert und wird nun gern ganz friedlich und scherzhaft zum Test für Mundarten-Sprecher und ihre Gäste.

Ein Schibboleth ist zum Beispiel das Wort „Oachkatzlschwoaf". Wer prompt weiß, was es bedeutet und es zudem richtig aussprechen kann, der muss aus Österreich oder Bayern kommen. Ein Norddeutscher würde das mundartliche Wort schwer verstehen oder nachahmen können und lieber „Eichhörnchenschweif" oder in der eigenen Mundart „Eekkattensteert" sagen.

Es folgen nun einige Schibboleths, die für ungeübte Zungen schwer zu sprechen und somit auch Zungenbrecher sind:

## Österreich

Wenn's an Tabak hättn, schnupfatns'n?
*(Wenn Sie einen Tabak hätten, würden Sie ihn schnupfen?)*

Ödögidöggi
(*Öltiegeldeckel*)

Äuöli
(*Eierchen*)

A Müllamadl hot a Möhnudlladl und a Nahnodlladl a.
(*Ein Müllermädchen hat eine Mehlnudellade und auch eine Nähnadellade.*)

Zwanzg zqwetschte Zwetschkn und zwanzg zqwetschte Zwetschkn san viazg zgwetschte Zwetschkn.
(*Zwanzig zerquetschte Zwetschgen plus zwanzig zerquetschte Zwetschgen sind vierzig zerquetschte Zwetschgen.*)

## Schweiz

Chäschueche im Chuchichäschtli
(*Käsekuchen im Küchenkästchen*)

Miuchmäuchterli
(*ein Milchgefäß*)

Dr Papscht hät's Speckbschteck z'schpoht bschtellt.
(*Der Papst hat das Speckbesteck zu spät bestellt.*)

S`Christchindli und dä Samichlaus ässäd zum Z`Nüni Guetzli und Chäschüechli usem Chuchichäschtli.
(*Das Christkind und der Nikolaus essen als Pausenbrot Kekse und Käsekuchen aus dem Küchenkasten.*)

Chrottepösche
*(Löwenzahn)*

# Schwäbisch

Bräschdlenggsälz
*(Erdbeermarmelade)*

Zwetschgakuacha
*(Pflaumenkuchen)*

I han emol oin kennt g`hett, der hot oine kennt g`hett, die hot a Kend g`hett. Des
hot`se awwer ned von sellem g`hett, der hot nemme kennt g`hett. Sui hot no en
annere kennt g`hett, der hot no kennt g`hett, von dem hot se des Kend g`hett.
Wenn se den ned kennt g`hett hätt, no hätt se au koi Kend g`hett.
*(Ich habe mal einen gekannt, der hat eine gekannt, die hat ein Kind gehabt. Das hat
sie aber nicht von jenem gehabt, der hat nämlich nicht mehr gekonnt. Sie hat aber
noch einen anderen gekannt. Der hat noch gekonnt. Und wenn sie diesen nicht gekannt hätte, dann hätte sie auch kein Kind gehabt.)*

Schuggschdumi, schuggidi.
*(Schubst du mich, schubs ich dich.)*

I hao's ao schao gao lao!
*(Ich habe es auch schon gelassen.)*

## *Badisch*

Ä oagnehm grie oagschdrichenes Gadedearle
*(ein unangenehm grün angestrichenes Gartentörchen)*

Scheint d'Sunn schun schää? D'Sunn scheint schun schää!
*(Scheint die Sonne schon schön? Die Sonne scheint schon schön!)*

Mos mä do oa oa initoa?
*(Muss man da ein Ei reintun?)*

Zwoi woiche Oier en oinerer Roi
*(zwei weiche Eier in einer Reihe)*

## *Bayerisch*

Oachkatzlschwoaf
*(Eichhörnchenschwanz)*

An Oachkatz'lschwoaf muast mid umaran zwoaring vitrioiöi eiöin.
*(Einen Eichhörnchenschwanz musst du mit Vitriolöl für zwei Pfennig einölen.)*

Loawedoag
*(Laibchenteig)*

D'Koinarin häds Bschteck z'schpäd bschtoid.
*(Die Kellnerin hat das Besteck zu spät bestellt.)*

Vui zvui Gfui
*(viel zu viel Gefühl)*

Fentuischleicherl
*(Ventilschläuchlein)*

Is heid Koaprob? Naa, heid is koa Prob.
*(Ist heute Chorprobe? Nein, heut ist keine Probe.)*

I ha eam aa a oa owe ghoid.
*(Ich habe ihm auch ein Ei hinunter geholt.)*

Wenn i kemm konn, kimm i, obo i moan, i konn kamm kemm.
*(Wenn ich kommen kann, komm ich, aber ich meine, ich kann kaum kommen.)*

## Oberpfälzisch

Doa hocka dia dia
allaweil doa hocka
*(Hier sitzen die, die immer hier sitzen.)*

## Vogtland, Erzgebirge, Oberfranken

Wu de Hasen Hosen hasen un de Hosen Husen hasen,
do bi ich drham.
*(Wo die Hasen Hosen heißen und*
*die Hosen Husen*
*heißen, dort bin ich daheim.)*

## Fränkisch

A Mamaladenaamala
hama aa daham.
*(Ein Marmeladeneimerchen*
*haben wir auch daheim.)*

# Saarländisch

Lu mo loa, do leira doch.
*(Guck mal da, dort liegt er doch.)*

# Pfälzisch

Hemmer hem mer, aber Hemmer hem mer kaee.
*(Hämmer haben wir, aber Hemden haben wir keine.)*

Die Woch hots Teleringel g'font, donn bin ich die raas runnergetreppt un, batsch, wedder die bums gedeert.
*(Die Woche hat das Teleklingel gefont, dann bin ich die Ras runtergetreppt und, batsch, gegen die Bums getürt.)*

Wenn de Babbe mit de Dachbabb des Dachbabbdach mit de Dachbabb babbt, werds Dachbabbdach gebabbt.
*(Wenn der Papa mit der Dachpappe das Dachpappendach mit Dachpappe beklebt, wird das Dachpappendach beklebt.)*

Moi hensching sinn schunn hie.
*(Meine Handschuhe sind schon kaputt.)*

# Hessisch

Die Maamauerbaabambeler lasse am Maa ihr Baa an de Mauer bambele.
*(Die Main-Mauer-Beine-Baumeler lassen am Main ihre Beine an der Mauer baumeln.)*

Isch haach der aans uffs Aach, awwer uffs annere Aach haach isch der aach ans.
*(Ich hau dir eins aufs Auge, aber aufs andere Auge haue ich dir auch eins.)*

Gieß dei Kakdus, sonst verderrterder!
*(Gieß deinen Kaktus, sonst verdorrt er dir.)*

Isch die Dudd da doi?
*(Gehört diese Tüte da dir?)*

Wo widdn dei ha hi ho he?
*(Wo willst du dein Heu hin haben?)*

## Sauerländisch

De Biuer kräug mit der Iuer öwwer de Muier.
*(Der Bauer kroch mit der Uhr über die Mauer.)*

## Rheinländisch

Kanaljevüjjelchenszüngelcheszüppche
*(Kölsch: Kanarienvogelzungensüppchen)*

Oma lo ma nomal La Paloma lope lote.
*(Oma lass mich noch mal La Paloma laufen lassen.)*

## Sächsisch

Mohdscheküpchen
*(Marienkäfer)*

Schättsche genn ins Schattsche geen.
*(Ich hätte ja können ins Schattige gehen.)*

## Obersorbisch (Oberlausitz)

Dźěd dešćikej dźěrki štapa.
*(Der Opa sticht für den Regen Löcher.)*

Rakečanski rjek je rjekł zo Rakečanska rěka rěka rěka.
*(Der Königswarthaer Held hat gesagt, dass der Königswarthaer Fluss Fluss heißt.)*

## Niedersorbisch/Wendisch (Niederlausitz)

Brodak z brodu se broda njebój, ale bźez brody pśez brod njebroźi.
*(Der Bärtige mit dem Bart fürchtet die Furt nicht, aber ohne Bart watet er nicht durch die Furt.)*

W tej hycy štycy Fryco z tycku w tycy.
*(In der Hitze steckt Fritzchen mit der (kleinen) Bohnenstange in der (großen) Bohnenstange.)*

## Plattdeutsch

Wat'n weer weer! De wind waait den sand von'n weg weg, dör de döör dör! Wat'n weer weer!
*(Was für ein Wetter war! Der Wind wehte den Sand vom Weg weg, durch die Tür hindurch. Was für ein Wetter war!)*

Eekkattensteert
*(Eichhörnchenschwanz)*

Hobbetutz
*(Frosch)*

Hübbelpütt
*(Springbrunnen)*

Harr'ck 'ne Hark hat, harr'ck harkt hat, harr'ck ne Hack hat harr'ck hackt hat.
*(Hätte ich eine Harke gehabt, hätte ich geharkt, hätte ich eine Hacke gehabt, hätte ich gehackt.)*

## Dänisch

Rødgrød med fløde
*(rote Grütze mit Sahne)*

## Verschiedene Dialekte

*Ein Kind spielt im Dreck, fragt ein anderes Kind seine Mama:*

Darf das das? – Das darf das. – Dass das das darf!

Taar da da? Da taar da! Da da da taar! *(Schweiz)*

Döff des des? Des döff es! Dass des des döff! *(Unterfranken)*

Derf datt datt? Datt derf datt. Datt datt datt derf! *(Niederrhein)*

Darf dat dat? Dat darf dat. Dat dat dat darf! *(Ruhrgebiet)*

Nachwort

Hiermit endet diese Sammlung von Schnellsprechsprüchen. Sie ist nicht vollständig, das ist auch nicht möglich, denn mit jedem Tag entstehen neue Sprüche und werden rasend schnell vor allem durch das Internet verbreitet. Das Internet ist eine reiche Fundgrube für Sucher von Sprachspielen – in den Foren und Blogs wird Unterhaltsames gerne gesammelt und ergänzt. Unzählige Links gibt es, die zu großen Sprüche-Sammlungen führen. Sie müssen einfach in die Suchmaske der Suchmaschinen „Zungenbrecher" eingeben, danach können Sie sich tagelang durch interessante Seiten arbeiten.

Ich habe bei der Arbeit an diesem Buch darauf geachtet, die Urheberrechte zu wahren und keine Sprüche zu verwenden, auf die ein Verfasser die Veröffentlichungsrechte hat. Die Erfinder der bekanntesten Zungenbrecher sind unbekannt. Viele der Sprüche sind über hundert Jahre alt, andere sind jünger, sind aber von Mund zu Mund weitergegeben worden. Und heute werden neu erfundene Sprüche so schnell verbreitet, dass der Name des Verfassers im Staub der Datenspur zurück bleibt und der Spruch blitzgeschwind als Allgemeingut vereinnahmt wird. Denn heute wie damals macht es vielen Menschen großen Spaß, mit ihrer Sprache zu spielen.

Ich danke Lorenz Reimann für manche Anregung und Dr. Fabian Kaulfürst vom Sorbischen Institut für die sorbischen Zungenbrecher und deren Übersetzungen.

Anke Reimann, August 2013

# Regionalia Verlag
## weitere Titel aus dem Programm

ISBN 978-3-939722-67-0

ISBN 978-3-939722-87-7

ISBN 978-3-939722-38-0

ISBN 978-3-939722-75-5

jeweils Hardcover, Format 16,5 x 19,8 cm, 128 Seiten, € 4,95